AF276168

LOS VERSOS DE CORDELIA

IV Certamen Bienal de Poesía San Juan de la Cruz
Academia de Juglares de Fontiveros

Un jurado reunido el día 22 de febrero de 2024 en Ávila, en la Casa del Presidente Adolfo Suárez, con presidencia de honor del alcalde de Fontiveros, David Sánchez, y del presidente de Fontecruz Hoteles, Julio Ortega, y compuesto por los poetas y miembros de la Academia José María Muñoz Quirós, Antonio Colinas, Amalia Iglesias, María Ángeles Pérez López, José Pulido y Carlos Aganzo decidió por unanimidad reconocer a la obra *El bosque errante,* de Juan José Castro Martín, el IV Premio Internacional de Poesía San Juan de la Cruz-Academia de Juglares de Fontiveros.

Fontiveros
Villa de la Poesía

El Bosque Errante

Primera edición en LOS VERSOS DE CORDELIA, abril de 2024

Edita: Reino de Cordelia
www.reinodecordelia.es
@reinodecordelia   facebook.com/reinodecordelia
www.youtube.com/c/ReinodeCordelia01

Derechos exclusivos de esta edición en lengua española
© Reino de Cordelia, S.L.
C/Agustín de Betancourt, 25 - 6º pta. 13
28003 Madrid

El papel utilizado para la impresión de este libro, fabricado a partir de madera procedente de bosques y plantaciones sostenibles, es cien por cien libre de cloro y está calificado como papel reciclable

© Juan José Castro Martín, 2024

Cubierta: Detalle de *Árboles y maleza* (1887), de Vincent van Gogh
Ilustración de portadilla: *Bamberg* (2020), de Teresa Martín-Vivaldi

 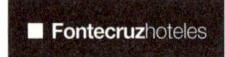

Este Premio de Poesía ha sido convocado
y organizado por el Ayuntamiento de Fontiveros
con el patrocinio de Fontecruz Hoteles

IBIC: DCF | Thema: DCF
ISBN: 978-84-19124-90-6
Depósito legal: M-11449-2024

Diseño y maquetación: Jesús Egido
Corrección de pruebas: María Robledano

Imprime: Técnica Digital Press
Impreso en la Unión Europea
Printed in E. U.
Encuadernación: Felipe Méndez

El Bosque Errante

Juan José Castro Martín

Índice

Allá adentro, en mi frente,
el árbol habla.

O. PAZ

Siento a menudo en tímidos temblores
qué hondo estoy en la vida.

R. M. RILKE

Cada ser grita en silencio pidiendo ser
leído de otra manera.

S. WEIL

Crecer es abrirse a la amplitud del cielo
y al mismo tiempo arraigarse en la
oscuridad de la tierra.

M. HEIDEGGER

EL ALIENTO Y EL BARRO

ALGUIEN SE ADENTRA HASTA LO MÁS LEJANO
de su cuerpo.

En sus pasos se aproximan
los extendidos bosques del silencio.
Pierde en el frío su existencia hasta
hacerse transparente en el sonido.
Pero no se detiene.

Busca siempre
vibrar siendo materia más que peso,
la cicatriz sonora de la lluvia
rememorando el barro y los contornos
que impiden disolverse a su precario
estar bajo su piel y en los latidos.
¿Adónde irá descalzo por el huérfano
desvelo de las cosas?

Sigue el rastro
en el impulso al ciervo, descubre el horizonte
que el carbonero crea entrando en el arbusto,
el secreto silbar del despojarse

para que puedan entonar las ramas
el ascendente signo de los troncos.

Todo se acerca y vive en su extinguirse.

Grava blanca el sendero, las pisadas
agrandan el fragor donde los árboles
sueñan el nombre de lo ignoto
y es breve el soplo encarcelado bajo
la gravidez del mundo en los pulmones.

¿Adónde irás despierto por la huérfana
migración a lo ajeno de los nombres,
todo asombro adherido a los zapatos?

Sendero blanco, el mundo es un silencio
que de tu cuerpo crece,
                              como intervalo o pausa,
mientras se aleja para existir en tus pasos.

NO PUDIERA LA NIEVE RESOLVERSE
en la rama desnuda.
La savia tiende, cesa, no la noche.
Pueda tras la nevada el árbol
ser solo el despertar.
Blancura del silencio.
                    En lo callado
la sonante fatiga de las cosas
es la rota canción del mundo.

IGUAL LA LLUVIA QUE UN MENSAJE
en un cristal transcrito,
se desdicen de tanta luz los árboles,
sonámbulo susurro que deshoja las ramas.
Se comprende mejor la lluvia cuando
esculpe adentro el cuerpo.
                                        Escucho
afuera su sonido, el mundo adentro.

CUANDO TODO PRONUNCIA
un idioma distinto y escindido
de la palpitación de lo viviente,
más pájaro que vuelo, cuando apenas
sujetar puede el pulso nuestra existencia al mundo
en noches prodigiosas levantadas
de otra noche interior y fugitiva,
oscuro migra un bosque, el balbuciente
espesor de las venas.
                    No existe la frontera
entre la piel y la intemperie.

PORQUE ARPEGIAS EL VÉRTIGO DE UN ÁRBOL
que se arraiga en el llanto de otra música,
conoces la incesante conjunción
del aliento y el barro.
Menos rumor que fuga la lluvia entre las ramas,
solo dice lo hermoso y es bastante.
Al igual que el silencio del roble al deshojarse
enmudeciendo hasta entender la hoja última,
fecunda el nombre con advenimiento.
Se despojan los árboles y expulsan
en la niebla el idioma
de aquello que persigue dejar de ser en algo.
Porque comprendes cuanto dice, exhala
para llegar a ser en todo.

EN LA ESPESURA ALVEOLAR SE ESCONDE
el ave diminuta de lo solo.
Su trino es canto que los ijares oprimen
para que nieve en los pulmones
el copo lento donde el mundo calla.
La roja tarabilla del otoño
sospecha apenas la mudez creciente
del petirrojo en la garganta,
su desterrado vuelo que sujetas
con solo el eco de la nieve al tallo
vibrante del sentido y al impuro
quebrarse la amapola de mi sangre.

Anida entre tus vértebras
para hibernar el tiempo sin palabras.

EL NEGRO DE LOS CUERVOS
hace caer la nieve sobre andenes
y tejados. Se asoma a las ventanas
la soledad de un todo
que tus pasos dividirán en dos
mitades de una música proscrita.
Campos de nadie, la ilegible
escritura del frío son las hayas
esperando un afuera al que nacer.
Por el bosque rastreas
el ciervo esquivo del lenguaje.

PUROS LOS OLMOS
reescriben el cielo y es la tinta
la errancia de los pájaros.
Toda memoria está en la savia abierta
a la luz.
                    Fecunda
cada sombra a las sombras
                                        y en el eco
del vivir palidecen nuestras horas
quietas entre las ramas.
Pura la lluvia
del otro lado del silencio viene
a borrar las pisadas y senderos,
a ser deshecha vibración sin nombre.

ONDULADO EN EL ÉXTASIS,
copo a copo,
              en lo enmudecido el mundo
sucede.
       Bajo el peso
del pájaro la rama tiembla y es inminencia,
la sílaba brotada de las copas
y el silencio repite entre los troncos
la ceguera de un sueño por la savia,
el canto que la nieve afina:
un único alfabeto
alrededor de la oquedad de un alma.

CUANDO EL BARRO APRISIONA LA MÚSICA QUE HUYE
doliente de las cosas,
con el ruido del mundo en los zapatos,
desde mi cuerpo he ido transparente,
incierto y no sabiendo.
El bárbaro temblor
del árbol de mi soplo
                        hondo en la vida,
igual que un eco erosionando el río,
por la senda sin patria de las horas
y el árbol despojado de mis huesos,
interno, fugitivo y no cesando,
renacen de la muerte que les resta.

EL ÉXTASIS Y EL LLANTO

La mano y el fuego

(Anna Ajmátova)

FRÁGIL COMO LA LUZ,
                    la soledad de enero en los pulmones,
nacida del invierno, para el dolor invento el cuerpo
que vive en la inminencia de un vendaval e invade
las venas de susurros como vivir rogando en cada cosa.
Hermoso por extraño, lo visible concierta cicatrices
en el hondo soñar del mundo.
                              Mi lucha es con lo ausente:
deportados latidos, llantos ante las cárceles, graves silencios,
condenaron mi voz; he morado mi torre solitaria
aunque me piden que me arroje. Mi casa es mi mazmorra,
fugitiva en el tiempo y en los astros errante,
mi habitación tomada de recuerdos; se aposenta mi voz en las escasas
pertenencias extensamente, como un polvo sin apenas hondura

y un leve resplandor que duerme en los objetos.
El oscuro silencio del castaño en mi ventana
es ahora de plata, de oro la lluvia en los cristales.
En el jardín un bosque con mi estupor se extiende
desoyendo el estruendo de la masa en las calles,
las preguntas del Neva a sus orillas.
En mi silencio comienzo a ser mi carne, el flujo de mi sangre,
mi estatura tendida, mi mirada que todo lo perdió.
Ronda la casa el lobo de lo ausente:

                                   parpadeo y la noche nace; callo y nie
páginas blancas como desiertos interiores,
cada palabra es una habitación en la que grito,
donde los muertos hablan.

                    Algunos visitantes
memorizan mis líneas, las convierten en ecos
mientras mis manos, estas manos, harán arder las hojas
y harán crecer la noche a golpe de ceniza.
Páginas blancas como páramos interiores, nevada sin palabras,
su destino es el fuego, el humo que sustenta
el derruido andamiaje de la vida.

Escritura en el agua, última carta

(John Keats)

Lo QUE ES DISTINTO apenas de la luz y no me pertenece
fue mi vida, un saber acaso nada sin su sombra.
Ha caído la noche toda sobre mi cuerpo,
cada vez que respiro acontece mi derrumbe
en las innumerables cavernas de mi corazón,
donde la tisis ahoga mis palabras,
tal vez los muros que aprisionan en su morada estrecha
la gigante cadencia de mis pulsos
que se fue desligando en el aire vagabundo de mi pecho.

Quise hablar de lo leve, de ese polvo que pierden las estrellas o las polillas,
de la precaria luz de las luciérnagas.
                              Me forzaban los astros
a sentir como los dioses y a perder mi aliento
en conversar con albas cercanas al crepúsculo.

Era verdad enajenarse de los propios límites
y constatar que ser es perecer en la belleza,
un largo parlamento en todo, con el lado invisible
que me fue sumergiendo en un letargo crüel
y la asfixia que postra mi juventud ardida
por querer ser mortaja del sonoro relámpago.

En mi respiración acojo lo confuso para poder romperme
en un eco, un sonido errático y distante hasta
que pudiera acogerme cualquier forma: el arroyo y el prado,
el árbol, el pedregal del torrente, la noche arriba.
Y perderme, volar en el rapto de una estrella sin nombre.

Postrado un año en el silencio, en el exiguo cuarto
de Roma, escribo mi último deseo.
Porque la noche ya me susurra sus viajeros boscajes,
cuando ningún murmullo es inferior al lamento del mundo,
quiero escuchar el viento en las violetas que brotan silenciosas
bajo las frondas (donde poder ver al pardillo
saltar en el ramaje, al lugano o al petirrojo

cantar en el invierno de tan leves)
del apartado cementerio que las menudas flores cubren.

Para el canto de un pájaro la realidad no basta.
Dormiré bajo las violetas escuchando la lluvia
caer sorda en el césped para mi oído en vano,
se perderá mi voz en medio de lo mudo
en cuyo éxtasis vive todavía desamparada.

Tan solo lo que existe aspira a lo invisible.

Despedida en Gródeck

(Georg Trakl)

LAS TRINCHERAS se excavan en la angustia abierta de la tierra
entre nubes de gas malsano por cadáveres vivos.

Máscaras y fusiles.

Entre los robles flota azul la noche y seres
que jadean penumbra sufren la luz naciente mientras
feroz Orión al sur cazando la busca entre las vísceras
dispersas por el campo de batalla de Gródeck.

Trincheras y estallidos.

Sobre las alambradas cuelgan acribillados restos,
graznan con placer al sacarles los ojos,
y hombres hundidos en su sombra se estremecen.

Dolor y ráfagas.

La pestilencia atrae a las ratas que devoran el espíritu.

Botas que marchan en enjambre, polvo y estruendos a lo lejos
son la taquigrafía de la muerte, su mensaje incesante
sobre el renglón del frente, en páginas de humo.
Despojos en camillas llegan y llegan sin parar,
la sangre se convierte en fuga, en sueño el resplandor.

Para flotar se inyecta la morfina bajo la flor de la metralla.

Sobre unos fresnos ángeles radiantes
nombran a quienes nunca nacerán, a quienes morirán muy pronto;
sobre los fresnos desconcertados en su propia belleza
el selvático pulso de espanto deja oír la oquedad del ser,
el silencio blanquísimo de los primeros copos
y el cuerpo adentro se desgarra en un aliento arborescente
por venas y tejidos,
                    propagándose.
Todo se descompone y se derrumba:
este yo fatigado y hundido en mis pulmones
ha caminado en sueños con pasos vacilantes
entre deformes árboles consumidos por la penumbra.

Al comenzar noviembre, convaleciente todo
en un delirio, viene a verme un ángel blanco
para decirme que lo que vive temblando, existe.
¿No soy un ser a medio deshacerse que sin embargo habita
en la ebriedad de las palabras, como despertar en la linde
de los bosques en fuga que eligen otra vez mis pasos?
Porque los sueños siempre encuentran los senderos del bosque
que prodigiosamente calla en torno a mí,
rompe al pasar el ciervo su cautela y acecho
el rumor de la vida acaso.
                    Antes de que florezca
inmensamente sobre tus párpados la muerte,
romperán a brillar bajo ellos las estrellas,
se perderá mi canto como pájaro en la espesura
mientras se aleja puro del crepitar del mundo.

El último tren

(Gertrud Kolmar)

LA OSCURIDAD del bosque, la flor de la alambrada.
Allí habré de callar.
                    Se avanza sin saber adónde
y se viene de alguna oscuridad para llegar a otra;
los hálitos se agolpan agrietados y pútridos,
día tras día, el viaje interminable, en pie
solo el dolor sostiene.
                    Allí habré de callar.
En los vagones, cuerpos junto a cuerpos, vagones yendo insomnes
del cuerpo que se adentra al extravío.
Avanza el tren en dirección contraria a nuestra sangre,
como ataúd inmenso gestando el exterminio
de quienes viajan.

Y avanzamos, los árboles sonámbulos
en el frío, despiertos aúllan nuestra muerte,
sobre el ritmo quebrado de las bielas avanzamos,
                          partiendo en dos la vida,
a través de los bosques devastados por el silencio a cuya belleza pertenezco
un instante, su desmayada música en los raíles suena.
En la nieve el olvido escribe su indeciso alfabeto
y las ramas calígrafas del cielo transcriben su secreta
percusión en mis huesos, gramática de copos
de mi respiración donde me voy haciendo transparente.

Allí para dormir el aire calcinado,
las chimeneas y torretas vigilarán nuestro ascender.
Barracones y barracones, y cuerpos sobre
                          cuerpos
en jergones, en cámaras, en fosas, en la brisa
que alcanza el bosque, gélido viento matutino
que arrebata las briznas y hará soplar las médulas.
Silbarán, silbarán los huesos una rota música
que mi respiración repite y arpegian las alambradas.

No tendré miedo, tenue marzo, he de ser despertar en la espesura.

Desde qué oscuridad provengo, de lo oscuro a lo oscuro
la carne viaja: polvo, ceniza, vuelo, nube,
lluvia o copo, retorno en la memoria de las hojas.

Estaré preparada para hacerme sustancia en mi dolor.
Gravitaré en el humo.
                    En lo leve seré por fin mi nombre.

La raíz de la hondura

(G. P. Friedrich von Hardenberg, Novalis)

EXTRANJERO EN LA VIDA, quise conocer el misterio
de lo viviente, donde lo oculto roza lo visible,
prolongarme en lo asombroso cuando la roca, el roble,
las orillas azules, los violentos deshielos, el relámpago súbito
se hacen himno,
                        y montañas y espesuras ser pueden
sentido que engrandece el estremecimiento
de la incompleta alianza con las cosas.

Poco de mi niñez he conservado, solo el rumor del aire
en los negros abetos, lo leve de los pájaros.
Mi juventud fue la incursión en las profundidades
de la tierra y de los nombres, la inacabable duda de ser hombre.
Busqué la luz en las simas,
                        bajo la noche de los párpados
que solo las raíces más extensas conocen.

                                        Aunque,
¿quién persigue la luz sin convertirse en sombra?
Vagabundas las ondas se separan sin tocar el arcano
de perderse en el curso de las aguas del Helme,
como en su trashumancia ignoran las estrellas
el caminar flotante de su asombro, en tanto mi mirada
por conocer fragmenta cuanto observa y en ello se consume.

La juventud nos da el dolor, del dolor queda el nombre
—los perfiles de Fánkelstein, las veladas en Grünnigen,
                        [los inviernos en Freiberg—
que clama a los silencios como minas en que moramos.

¿Qué misterio palpita entre los seres como honda vibración?
Habitamos el mundo en el pasado, en la nostalgia
de ser propagación, en el impulso de estar en todo
aunque solo nos quede la huidiza posesión de cada sílaba.

Nacemos para el éxtasis y el abismo, en él floto
hacia la noche inhóspita en lo cierto, ausente en lo absoluto,
sin otro paraíso que el recuerdo de la belleza

que hurtaron a la vida las palabras.

Viaje hacia el silencio

(Rainer Maria Rilke)

La SOMBRA entera está ante ti.
La soledad del mundo desciende de la noche
pesadamente, alargan las huellas el camino
y te entrega a una inmensidad desconocida cuando
se destierran las cosas a sus nombres
y solo nuestro aliento es patria.
                              No existen los lugares
mientras se viaja hacia el silencio con impulso a lo abierto.

No cruzas sobre el puente sino el eco que arrastra el río,
dejas atrás los páramos y las sendas calladas por la nieve
que aprenden bajo el pie su transitivo idioma.
Ajenas en su luz, las ciudades durmientes abandonan en ti
un limo de tristeza, el temor de los nombres

cansados de decir sus breves paraísos,
los parques y avenidas donde el hombre construye su discurso
de olvido interpretado hacia los cielos silenciosos.

Has llegado a creer en lo terrible
como intervalo mudo entre dos sílabas,
te has convertido en huésped perpetuo de los pájaros
que escriben en el cielo y los bosques errantes,
cuyas ramas relatan en las nubes tu sino pasajeras.
Entre cuerpo y latido recorres las distancias,
indefenso y descalzo peregrinas, has de vagar para existir
y volverte invisible en las palabras que retienen lo esquivo.
Portas tu firmamento de sonidos, menesterosa música
de lo que está por suceder en un puro intercambio
con un mundo que ensaya un tiempo consumido
despacio, la belleza de lo indecible
en que eres una suma de intemperies.
En las fugadas sílabas que cristalizan en tu soplo
elegiste el exilio de perseguir la belleza
y no ser más allá de ti ni voz ni forma, solo umbral:
la nostalgia de ser onda sin más morada que las horas,
la cicatriz de las estrellas doliendo sobre el hueso.

Furiosamente acoge nuestras huellas el mundo
e insomnes bosques las persiguen bajo la noche en la que no hay afuera
y todo se recoge en el silencio hacia donde crecemos.
Allí, como en la infancia, nada puede salvarse
aun cuando sea resplandor en todo lo que existe.
Estar solo es cruzar la propia sangre sin lugares
y el éxtasis de enmudecer una súbita escarcha
remontando las venas y poblando los senderos
hasta dejarnos fríos en el afuera del ser,
lo que en nosotros se vuelve más callado.

Invierno en Kampa

(Vladimir Holan)

LLUEVE en Kampa.
                    Convergen mi cuerpo y el silencio
de clausura en clausura,
                       lo vagabundo y lo inmóvil
llegan como la noche a la ventana que conversa
con los muros cerrados de mi casa y los interroga
por lo nómada que hay en mí, por el silencio que pugna
como petrificada sílaba, como anhídrido en flor en mis pulmones.

¿Dónde la primavera? Su abecedario nunca encontrará otro tiempo
en este encierro prolongado, formal y decadente.
Tras una luz sin forma acecha el ruido del afuera
(todo afuera por no olvidar, por no olvidar las purgas,
las desapariciones, los arrestos, las redadas y huidas),

extraño todo: calles, banderas, signos, rostros,
extraño yo y extraños cuantos se fugan de sí mismos.

Ahora nieva en Kampa, misterio y precisión
que la nevada escribe en los tejados y en las ramas.
Así el poeta nombra lo insomne, la despierta
estela de lo bello que a veces toca lo tangible.
Implacable la nieve aviva el cuerpo en su oscura verdad
y en un vaho lo extingue en tanto rastrea el canto;
el frío me hunde más en mí, tal vez donde el oxígeno se inflama
por mi sangre callada aún por temor al metal
encendido del alba, al fingido sopor del vigía.

Un tribunal de términos guarda mi domicilio como
los arrendajos en el Carolinum. Me rodean
los sencillos objetos que me recuerdan al que soy
cuando lo olvido: un habitante de una isla a la deriva
junto al puente extendido de una a otra edad
tratando de cruzar secretamente los espejos
ciegos del río Vlatva, donde preguntan las estatuas
por los nombres de quienes desde allí se arrojaron
y con voces no pronunciadas desde su cautiverio
los llaman esperando su imposible retorno.

Palabras omitidas. Así el poeta busca
callar en la belleza y aprender levedades
de cúpulas y torres.
                         En la lluvia habla Praga
otra vez de la destrucción; mi después y mi ahora dice.
El temblor de los árboles en Petrin, los intactos
murmullos en el claustro de Santa Agnes, lo negado en Stráhov
y en la lucha de lápidas y raíces del cementerio hebreo,
me entregan sus sonidos para hallar mi mudez
de barro que habla —polvo del hacedor, nos moldea la noche,
polvo del hacedor, barro, verdad y muerte en lo insuflado—.
En la nieve habla Praga, la escucho como el prisionero
gozoso del asombro en mi isla a la deriva.
Es hora de que al frío le brote un cuerpo, ese
hueco al que llaman alma y albergue la belleza,
ahora que anochece y las sombras sin nombre
puedan hallar refugio por mi cuerpo.

Últimas palabras de Susette Gontard

(Friedrich Hölderlin)

« *QUERIDÍSIMO Friedrich,*
                    cómo en todo te ausentas.
Aunque niegue la forma de la sangre, permanece el vacío
cauce que la aprisiona, esta angosta extensión
de mi cuerpo hecho para oír pasar las nubes
que alguna vez lo desbordaron. De la vida me resta
tu recuerdo en el Ciervo Blanco y el impulso de silenciar tu nombre».

Perpetuo caminante que perdiera su sombra,
amenazado vivo como la hoja en otoño.
Como en un lento adormecerse el bosque
silba en las hayas y en los huesos ruge su asamblea de lluvias;
el misterio de lo que somos busco,
                              sin poderlo encontrar,

la terrible belleza que en la naturaleza
encuentro y no podemos ser, me arrastra a vivir
reuniendo lo disperso, renombrando lo ignoto.

«En Teutoburgo han comenzado a caer las primeras hojas,
el instante que atrapa de modo milagroso
y nos hace partícipes de un don desconocido.
Algo aquí,
        contenido,
               espera para
escapar de su cautiverio. En vano espero tu regreso».

Expulsado del éter, lo que seré no existe y lo que soy es un dejar de ser.
En mi locura se levante junto al río la torre
desde la que contemplo la corriente que pasa aullando
ajena a mí al igual que el mundo en el lamento
de las ondas. Un sauce en la orilla, olvido y sombra,
abandona su imagen prisionera en el agua.
Suena en mí el relegado espacio del instante.

«Driburgo se oscurece y se marchita;
pregunto a todos los caminos su dirección sin pájaros,
su noche poderosa de eternas luminarias en invierno.

Qué música desnuda y triste cada árbol.
El paisaje se vuelve transparente mientras te espero.

                                                    Adiós».

¿Qué permanece cuando del dolor viene el canto?
A pesar de pulsar con aliento cambiante
las cosas, me posee la nostalgia de ser
un inmenso silencio entre los astros,
y aunque resuene en todo con todos los sonidos,
lucho por lo invisible desgarrando las palabras
y aniquilando estrellas en mi soplo.
Como el Néckar no soy margen ni voz sino el rumor
arrojado desde un umbral a otro hacia lo incierto.

Un sendero azul

(Else Lasker-Schüler)

Berlín era un cristal a punto de quebrarse.

Flotaba solitaria entre dos mundos, yo misma era un reflejo;
a pesar de los golpes y trabajos forzados,
yo vivía, leía, transformaba, perseguía mi sombra
y aprendí a respirar de otra manera. Pero
la lluvia deja en los cristales partituras secretas,
mudos mensajes de dolor perdidos al quebrarse.
Debía huir, buscar mi alma en cualquier lugar,
por el sendero azul de la memoria
en cuyos bosques desperté a la música de mi sangre
enmudeciendo.
                        Quise permanecer en lo celeste y solo
puse en marcha un itinerario vacío de palabras,

extravío de sílabas confusas que articulan el espacio,
donde doblemente perder cada imagen del mundo.

¿No crea el humo el cielo, el aullido del lobo
la montaña, la voz su exilio?
                              En la noche solo el alma es sendero,
de puntillas por mi dolor hui. ¡Qué solitario ruido el ser
intentando poblar las ruinas de mi cuerpo,
cicatriz de mis huellas su sonido alejándose
—¡oh tierra prometida, oh rama desgajada del olivo!—.
Aun intrusa en lo leve, la belleza que hospeda:
cada sendero crea la extrañeza, cada nombre el exilio.

Nos desterró Berlín de los espejos aquel noviembre;
allí dejé mi casa, la fosa con mi hijo,
dejé cuchillos largos y estruendo de cristales rotos.

Por el sendero azul, siguiendo el verbo en lo celeste…

La estrella declinante

(Paul Celan)

AUNQUE SOSTENGA todo el peso de los astros,
conozco la orfandad de solitario bosque que dejan las palabras.
En el Sena se ahogan las estrellas
que constelaron pulsos y memorias
nacidas de amapolas sonámbulas por mi sangre.
Dichoso el que enmudece al arrojarse
como la piedra al fondo y allí pacta
ceder a lo profundo un cuerpo apenas suyo,
ensordecido apenas su abrirse a lo disperso
que mendiga la luz, y no el estruendo escucha
sino el reflejo roto, la inmensa herida abierta en lo real
por las palabras y su hermosa
                              caída en la materia,
sonido de topar con los barrotes de lo dicho,

el aliento que muda su prisión en los ecos,
un largo parlamento entre la niebla de su idioma.

Se sostenía el humo —¡rasga, rasga!—
en la osamenta de los muertos, tumba del aire,
febril ceniza abona
                    los campos, homicida
mi lengua aunque pronuncie los pájaros de marzo
que mueren en la nieve.
                         Columnas suben —¡rasga!—,
errancias en sílabas dolientes.
Muchos aullidos antes que nombres, insuflados perviven
cuando intercambio el soplo con la noche.
Dolor arpegiado, llámalo belleza,
y rasga el aire del vivir,
                          hunde en mi tráquea
recuerdos de otras aguas, de otras lluvias;
rasga, rasga en mi piel la estrella y la intemperie
que fundan mis vocablos, sonora cárcel del estar afuera.

Recuerdo los escombros, las humaredas de mí mismo,
los puentes abatidos, los caminos que reptan los cadáveres.

Hubo explosiones y fulgores, hubo huidas, fosas, despojos,
cráneos circuncisos,
                declinantes estrellas,
montones de cascotes para enterrar la angustia.
¿Y no recordaré los blancos troncos de abedul
en Bucovina, trinos, musgos, innumerables trinos blancos
por las vastas florestas, las ciudades vividas y los cuerpos amados,
lo invocado posible que no fuimos
en la casa del padre y el hogar de la madre?

Si se padece el ruido de lo que llegó temblando,
—balbucir, siempre balbucir— el resto de una música,
cada palabra tiene una selva en fuga,
algo de ajeno entre resplandor y aureola,
un crecimiento interno,
                    como de lluvia, hacia la noche.
Como un intruso en cada aliento existo,
insuflado en la niebla del decir al encuentro del mundo.
Esto es ser, ir desde el ruido al silencio
con la carga de la belleza para saltar del puente
a lo invisible y hacer mi cuerpo transparente por las ondas.

El destierro

(Nelly Sachs)

ANOCHE EN LA VENTISCA estuvo hablando el bosque
sin saber cómo crece brotado de la desesperación
del frío.
         Cae la nieve con voluntad de ser en su sonido
fugitiva blancura, somnoliento alfabeto de una página
que el vuelo de los cuervos una vez y otra reescribe.
Ya en las raíces de los árboles creciendo está la muerte
desde el lugar secreto donde la luz más transfigura.
Bajo los pies la sombra está, más joven cada vez,
como herida entre el frío y nuestro cuerpo
por las enmudecidas horas a cuyo recordar
llamamos alma, un tiempo inalcanzable
entre dos soplos, un mundo que al expirar decimos
a lo invisible.
         Nuestro peso siempre abandona

en lo blanco la huella que clama a la incandescencia.
No lejos las estrellas hincan sus luces en el cielo,
mi oído tiende puentes entre ellas.

                Oh, música de esferas,
¿por dónde nuestro grito suena? Verdugos, escuchad,
vosotros, ebrios de estremecimientos, lo arrojado a su extinción,
las patrias expulsadas, la ceniza en las suelas,
los epitafios en el aire, los suspiros en el tuétano
con los que va la noche afuera, donde se aprende
a morir una vez y otra, como el umbral que busca
otro umbral naciendo.

                Ser es estar siempre en lo más expuesto.
Caminamos con blancos pasos y sílabas contadas,
habitamos vagando en los espacios
tensados por el hilo de nuestro soplo.
¿Echa raíces nuestro hálito errante entre las cosas
fugitivas? Arrastra, arrastra un mundo con tu voz;
mira el campo invernal: los árboles indican
la belleza de un tiempo deletreado hasta la savia.
Devuélvele a la nieve su niñez mientras cae
siendo alfabeto de lo insomne, página de la muerte.

LA CORRIENTE CAUTIVA

El puente (Bámberg)

Mientras somos apenas más que nuestros encuentros,
la cicatriz del agua es el sonido, bárbara voz del río
que desterrado de su nombre dice la gravidez del puente,
la forma que interpone a la fuga en las ondas,
isla en vuelo o morada del asombro,
la casa suspendida de la ciudad de Bámberg.
Extranjero de sí, nada en él es retorno porque
solo puede vivir bajo el peso de lo invisible.

Qué alfabeto de lluvias la corriente
viajando a lo azaroso de su música,
remontando las venas cuyo flujo acompasan
al desmayado rüido del mundo.
¿Qué tiene de nosotros un lugar?

Escritura en el barro, ondulación del árbol en la orilla,
errantes seres de un temblor que duele en todo
y sin embargo inciertos, sostenemos
la levedad y el éxtasis para nombrar el llanto.

Ascendemos las calles empedradas, en tanto acogemos el secreto
de jardines y antiguas casas que susurran memorias
de savias y estaciones, de carne y transparencia.
Estas piedras como la muerte saben quiénes somos.
Desde su altura crean a su alrededor el vacío,
la gravedad y el vértigo, las torres
para su abismo. Crece la catedral en torno
al silencio y divide el afuera que fuimos
del adentro callado que la muerte espera,
bien lo sabe el jinete de mirada arrasada
sobre la noble tumba de quien escucha para siempre el río.

Los pasos que han herido lo silente nos llevan
bajo el insomnio del tilo y los desnudos muros
de Hofháltung al patio de peregrinos donde
volvemos junto a nuestras sombras extravïadas

en la bella orfandad de espacios y formas,
como bosque interior en el que resonamos.
¿Qué imagen nuestra arrastra el río, adónde
fluye el Régnitz llevándose algo de azul del cielo?
Solo el dolor arranca al ser de la callada muerte
cuando interpone al tiempo su materia.
Porque fuimos los pasos perdidos sobre el puente colgado de las horas,
porque fuimos los seres más expuestos, sabemos
apenas más que el sucederse, que solo
nos pertenece el tiempo en la belleza.

Los nombres del río (Régensburg)

¿En qué punto sostiene todavía su ser lo fugitivo?
Nada me dice el río excepto la nostalgia
de la lluvia clamando en sus espejos.
Como el cristal esconde su temblor,

                                   prófugo en sí y deshecho
en un rodar, la herida que es casi transparencia,
del río cesa en un sonido prisionero en el brillo de las cosas.
Por la planicie viaja transportando el Danubio un nombre,
callado perseguir desde uno a otro espejo
de la inversa consistencia de las torres de Régensburg.
¿Adónde escala Góldenturm, qué agonizante rayo
lanza sobre la hierba Óstentor?

                            En su ocultarse no distinguen
las ventanas de Rútingen lo que en el cielo hieren,

en su elevarse, las miradas de Báumburger,
igual que en las agujas del templo donde ríe el ángel
un desgarro de umbrales, un vulnerar incandescencias.
La catedral no busca la luz sino sus cicatrices.

Mas en un incesante abrirse para ser vida fluye todo
a lo que le da el morir.
                              Algo recorre Óbere Báchgasse
—la estrella azul o el ciervo herido —por Képlerstrasse o Háidplatz
hacia donde hablan aún el arco y el reloj de grietas y muros.
En las orillas extrañas algo despierta a la fragilidad
con el ansia de estar en lo que sufre de este bárbaro espejo.
No acaba el parlamento entre el puente y el agua,
y aunque toque el islote donde distinto lo cautivo llora,
el río sin decirnos nada siempre
sonando pasa. En su gramática vagabunda sospecha
la imagen sustraída de un mundo sin los nombres.
Junto al río voy siempre, nunca me dice nada:
todo cuanto enmudece se hace ser.

Praga

.

En las orillas del Moldava beben los sauces su espejismo,
en su reflejo están las cosas ya vencidas,
el bello desamparo de las formas,
como sonoro sucederse
                    viaja el río a su nombre,
corriente hacia qué música, en lo interior del mundo se adentra,
menor prisión las ondas que el sonido
huyendo en todo y a la vez inmóvil.
Desde una a otra orilla contempla el puente lo pasado
sin ser su patria el tiempo.
                    No la nieve,
el agua impone a las oscuras torres,
que se yerguen en torno a su silencio
sobre el puente, su canto y como los desnudos

árboles ocultar parecen en su hondo enmudecer
el mensaje despierto de la nevada sobre ramas
y tejados.
        Secretamente se levantan a su estar heridos,
a su mudo existir como aliento a las palabras,
como tampoco deja la estrella su lenguaje
de levedad al puente a pesar de quien cruza,
que apenas carga el peso de su sombra
a través de las horas,
                y sospecha que mirar ya es pasado.
Resta entonces calzarse las distancias,
implorar a lo que se ignora, vivir en los prodigios,
caminar con zapatos nuevos y dejar huellas viejas como el mundo.

II

LA CIUDAD se desdobla en el espejo del perpetuo
discurso de las aguas que arrastran el cadáver de sí mismas
pero ansía flotar y sube a los recintos.

Vigilan las fachadas junto al cáliz,
                y se asume el engaño

84

de los muros de Schwarzenbergen. Quien su ámbito penetra
se abandona al olvido que brota de la piedra oscura.
Se levanta san Vito del espacio
de tu ausencia, anulado existir en el instante
doliente de lo bello, te reconoces solo en su extravío.
Y sigues ascendiendo adonde el impulso apremia,
ser mineral y arborescente, y arrebatado sigues
tal vez a amenazar el azul del cielo.
                                                    Ahora perteneces
a su raíz rotante, a la extensión de su silencio
bajo el sonido blanco de la nieve
como las torres de la Pólvora y Dálibor
acallan el bostezo en la memoria, un estruendo en la savia
aún adentrada por el frío como el cuerpo
hecho foso donde los ciervos pierden la senda de tu pulso.

III

EN UNA TREGUA la nevada permite huir los árboles
colina abajo. Yaces despojado e inerme en ti, sujeto
a todo por el vaho de tu respiración
copo tras copo en la belleza del mundo.

Y otro clamor te llama:

las agujas de Tyn,

el jinete de Storch, la plaza vieja donde pugnan
unicornios con sierpes, estrellas con osos dorados
bajo el rüido blanco de las cúpulas.
Nómada en la penumbra de los signos,
por Celetná, el reloj dará la hora en que cada astro
resucite a la muerte en ti dormida y canten las estatuas.
A mendigar la luz acudirán los ángeles
sin saber que lo hermoso es el temblor de lo que pasa.
Y otra vez, por la torre del Martín pescador,
el río persiguiendo su nombre bajo el puente:
música hacia qué cuerpo que el curso desaloja.

Vysherad

Para vencer un orden cae la nieve.
Gris e inhóspito el mundo a los pies de Vysherad
aprisiona el fulgor de los objetos, desgastados perfiles
de viejos edificios, un olvido de nubes
e inviernos que no cesan por abril en su intento
de volver a escribir en todo:
                              Nada.
Y se va hacia lo oscuro y el frío no responde
aunque está todo por decirse, por desaparecer
en medio de los cuerpos.
                              Sigues la oscura estela de los cisnes
curso abajo, al lugar donde se vuelve aullido el Vlatva,
y lloran su cautiverio los ángeles bajo los puentes
pues es triste mirar con la quietud de lo que nunca acaba
sobre la superficie las pasajeras formas de las cosas.

No se halla aquí la luz sino su herida, tal vez solo la cicatriz
del silencio hecho bosque: el ruido de las horas en la savia
sostiene la pureza de un rayo, el peso de la transparencia
o un impulso de pájaros que vuela hasta lo ignoto.
Con la frágil vidriera del aliento fundas
allí tu templo, esculpes sus muros, tallas
un cementerio donde busquen cuerpos y nombres su descenso.
Uno ya no lacera la soledad de la materia
ni tampoco su voz siembra cosechas de infortunio
tras sílabas de fuego pues sabe qué abandona cuanto huye:
permanecer es ser lo que olvidamos.
Para otros ir subiendo despacio fue morir,
igual que el árbol crece hasta la muerte;
van y vienen los pájaros por el callado pentagrama
de sus ramas, descubren otra vez la secreta canción del mundo
como aquellos que fueron sonido antes de ser silencio.
Y sin embargo, aquí en Slavin otros muertos también
hablan.
          ¿Qué dice Jan ahora de los vivos, Alphonse qué murmura
del trazo, del color, de la borrada imagen de los años?
¿Y qué repite la mujer que avanza
sobre lo leve tras el último suspiro que habitó?

¿Acaso no preguntan, pues hablan los difuntos,
«no eres tú huésped de tu carne, crece
alrededor de tu dolor un cuerpo
si respiras, no fue la vida resistir
el peso de las cosas, el estar invadido
de lo otro, de la savia que en el tronco empuja,
del carbonero en cuyo canto todo
enmudece, en el no florecer aún del mundo
que escucha el parlamento inacabado
entre la noche y las raíces?».

                                        Recobra tu temblor,
camina entre las lápidas, toma el sendero hacia ti mismo
mientras silban los árboles, mientras la tierra canta.
Deja atrás la colina, los fantasmas de Vysherad.
Desgasta tu camino ahora que la nieve cesa,
ahora que la primavera reclama su desorden.

El hayedo (Schönbuch/Valvanera)

Hᴀᴄɪᴀ ʟᴏ ᴀᴢᴜʟ, hacia el azul derrotado del mundo,
entre lo abierto y lo cerrado, el bosque es un silencio en fuga.
En la ascensión las hayas,
                                            calígrafas del cielo,
escriben desde el antes al ahora sobre la cicatriz de las estrellas.
En la memoria de la savia fluyen
los troncos, en su extenderse hacia lo otro,
la sombra niegan para hurtar la luz,
peregrinan al ser de las raíces a las ramas.
Las hayas en su sordo crecimiento escapan transformadas
en temblor y crujido, agitación y vuelo.
Hacia lo incierto arroja su materia el torrente
y entre las piedras es largo su discurso
de la extinción, finge el claroscuro entre las hojas
en su estación de sombras y destellos.

                              Cada claro es un despertar.
Solo las sendas quiebran la densidad enajenada
de las formas inmóviles, y en el borde del bosque
quiere el ciervo arriesgarse, ser solamente límite
aunque no sepa que después de su huida
el tiempo fluya de repente y el sonido
prolongará el fragor bajo sus pasos:
sonido errante, frágil música del existir.
No seremos camino antes que huella.

Lugar del que jamás hemos salido, signo que no hemos pronunciado,
los árboles sonámbulos cuando la nieve llegue,
furiosos en lo azul, osamentas del frío,
para tocar la muerte en lo hondo de sí se adormecen.
Desde lo abierto a lo cerrado el bosque errante en su silencio
hace de su mudez laberinto.
                        Por alzarse a su forma,
todo duele para crecer entre el temblor y el éxtasis,
el hayedo será huella antes que camino
avanzando en lo incierto por el sonido de unos pasos.

La fortaleza

¿QUÉ NOS IMPULSA a ascender por el silencio para
que la piedra sostenga el vacío excavado en el crepúsculo,
herida de la luz? Todo, exilio de sí en el tiempo,
como cuerpo clavado en su dolor,
                                        o vena que hostiga
y que a su primavera ha ido abriéndose nombrada por la lluvia,
se arroja como el tren que nos conduce
a un retorno sin viaje hacia la fortaleza
donde la evanescencia apenas se defiende
de la ciudad en la que imprimen su mensajeros pies
                                        las nubes.

Pulsamos otra vez la exacta música
de dividir el mundo en dos mitades
de una indistinta soledad, reflejo

helado en los cristales y bosques que regresan al asombro
de elevarse sin más destino que el río sin descanso.
En la estación recuerdan los andenes
cada ser arrojado a su nostalgia de mendigar
las palabras aulladas y sordos estallidos por las calles de Núremberg.
Se abre todo doliente: impulso apenas y ya es demasiado,
alguien acoge y busca en el aire esculpido
edificios y estancias, sobre los torreones
mirando al desconcierto, en el castillo que protege
su tallado silencio como fluir en lo leve, que traspasa
y se hace arco, muralla, ventana, pozo, almena,
ascensión en la luz copiando su desvanecerse.
El puente sobre el Pégnitz que llora entre dos realidades
avanza arrebatando el duelo de su imagen:
para morir el tiempo se hace forma —ojiva, campanario—,
desde una a otra oscuridad recibe a cada ser que se estremece
acogido en el interior de sus espacios.

                                        Porque
lo uno es lo otro cautivo, regresa el tren de la ida hasta ti mismo;
no todo está perdido a este lado del desconcierto
mientras cae la noche y morimos un poco entre las cosas.
Apenas sostenidos en las formas, nuestra es la evanescencia.

El destello y el muro
(Rothenburg ob der Tauber)

No DESISTE el viajero del pertinaz fugarse de las cosas
ni de los horizontes que pueblan la mirada.
El que busca un destello encuentra solo el dolor,
el castigo de huir de sí para ver su imagen
o su sombra deshecha en la materia.
Las murallas que asedian el silencio y las torres que miran
desde el insomnio cierran un recinto donde
se agoniza de asombro en el desgarro
de sentirse invadir por la belleza cuando es suyo el oficio
de lo desconocido, espacio en que se vibra
haciendo resonar nuestro precario vivir en el susurro de las horas.
Como seres que esperan una segunda creación,
las estatuas delatan la indigencia de existir en lo mudo
de las formas: esconden el prodigio de la memoria

trepando las fachadas hasta tejados donde
las veletas envidian el vuelo de las aves.
Como a su vez inventan la gravedad los muros,
se mide el ruido para oír la muerte —nombre o paso—
y alza un altar la sangre donde escuchar
lo que las piedras cierran, lo que los cuerpos invaden,
intruso que persigue la hermosura en el Plönlein.
Se sueña el mundo en cada forma, en cada modo de abrirse
y estremece el ser, ciudad cercada
                              o herida que no cierra.
Todo es despojamiento de quien viaja al deslumbrarse con su destello
y anochece, levantan el vuelo las cigüeñas, pero antes
el murmullo menor de cuanto duerme
sospecha el peso de la noche entre los seres.

LAS VOCES Y EL LETARGO

HOW DO YOU KNOW WHEN YOU'RE FINISHED?

El martillo y el yunque

(Friedrich Nietzsche)

Ha sonado el martillo de la aurora. Adentro clava el ataúd del trueno sobre el vocablo fermentado en el óxido, sangre abierta donde se escucha un torrente. Porque a veces, o nunca, no el vuelo sino el impulso importa si el ave canta, solo la música no es culpable de la duda que muere de frío en el pentagrama de las horas o de la sierpe dormida entre las cuerdas. Por hábito de la mirada amanece y se hace la montaña abismo.

Vagabundas palabras fingen un mundo y labran el zarzal del instinto a dentelladas y destellos. Pero su engaño para convocar las cicatrices que suturan la piel entierra los astros en la carne. También de la luz brota la sombra que adelanta su senda al caminante, quien se derrumbó torrencialmente en su cuerpo para enloquecer al ocaso y aprender a danzar las estridencias.

Caminante, a la intemperie opones tu materia transitada de soplos, mancillada de ángeles, ulcerada de erróneos trances. Todas las lluvias se precipitan sobre ti y eres el lejano huésped de tu vida a la vez que sospechas un tiempo de interpretaciones demolidas en lo indeciso. Interrogas, siempre interrogando, a todo con la llama para iluminar su inhóspita belleza. Tú portas la antorcha de la noche.

Caminante: ve, asciende la montaña de lo nombrado; tu dolor es tu huella. Cantar, ascender, cegar. El yunque de tu voz hace saltar la chispa de la tormenta. El martillo de la aurora hará sonar la canción de los nombres nuevos. La grandeza del incendio cegará a los dioses, consumirá a los hombres.

En mitad de esta noche total, solo tú portas la antorcha.

El retiro

(Gustav Mahler)

MONTAÑAS DE CARINTIA, florestas de Bohemia.

De poblar el sonido el azul terrible de las cimas, aspiro intruso en mis huellas la oscura ascensión de lo viviente en su escala de violas y violines. Duele el aire si despierta algún rumor dormido como amapola por mis venas, un lugar que penetre el ser en disonancia con el metal de lo absoluto.

Mansión de las ausencias, eran troncos y ramas el retiro donde la consonancia sigue a la madera, a la brizna el acorde que en lo informe merodea un límite. Su cristal se demora temblando en las brechas del ruido y precipita torrentes en su deshielo hasta rugir como silencio en el que es posible soplar y consumirse.

Escala el bosque desde el fingido bostezo del Wörthsee y huye por las orillas en sus espejos para ahuyentar la luz que busca sus detonaciones. En la hojarasca oscila como tabique del insomnio o el hueso de la noche la vibración de cuanto se oculta, suena la música arrancada del tuétano del mundo como estridentes vientos de la muerte marchando a lugar innombrado.

Montañas de Carintia, florestas de Bohemia, quien crea ha de cavar su abismo y asomarse en él, por vosotras vago presintiendo lo que al cuerpo se anuda tiritando: implorante sinfonía del instante cuya belleza siempre extranjera espera la ira de algún dios.

Rastro en el bosque

(Martin Heidegger)

Ya lo que calla es mundo. Bajo la helada cuervos y graznidos, el gris resuello de diciembre en las ventanas y en las ramas el signo de la blancura, el extravío por una música no aprendida, un eco consumado de aquello que sin nombre se adentra en sí mismo. En el invierno llega el rumor de otros tiempos cuando todo se deshace en un balbuceo, salvaje de hogueras y hundimientos.
No vuelve del frío quien conoce aunque sea verano en Schwarzwald.

Ya todo lo que calla es bosque. Reduce el caminante el mundo a su pisada, al barro en sus suelas; existe solo afuera. Hacia los bosques de lo ignoto oficia su enmudecer, caminando entre los negros abetos pasan por él el silencio y la tormenta.
Es la respiración rastro en el bosque mientras se escucha al tiempo contando las huellas. Desierto el nombre, nada puede albergar.

Un relámpago se instala en el oído, sonido puro, y huyen los árboles abriendo un claro. Allí todo es la otredad en su silencio, en su encuentro con la lluvia, un intruso entre las sílabas que la savia oculta y a veces supura la resina como escritura en los troncos.

Rastro en el bosque, riesgo de cuanto vulnera, ya eres lo que no has sido: idioma contra idioma en lo ilegible, umbral de lo que adviene: sonido o lluvia en la selva del sentido jamás inocente. La casa del ser sin muros ni ventanas abierta está a la intemperie donde se borran las palabras dejando el claro de su ausencia.

Recorre en éxtasis los senderos sin horizonte de este bosque y que abandone el lenguaje por cadáver el mundo.

La roca de Sísifo

(Albert Camus)

EN LA PUGNA entre la piel y la noche, el latido y el eco, la mirada y la luz, acecha la fiebre del horizonte donde la ebriedad abdica de esperanza. De la cosa al nombre el aire que nos une a lo celeste nos va envenenando. Desproporcionado soplo, entras al barro prisionero de los contrarios, perteneces a la criatura desgarrada entre el aniquilarse de las cosas y la permanencia entre los astros con el peligro de su fuego hermoso.

Donde todo lo acoges y en todo te vas quedando, te desdicen los anillos de los años; en tu evasión fuera de la luz topaste con el árbol de tu ayer, mientras prendías entre la transparencia y el cuerpo la antorcha de tu vivir desesperado.

¿Qué noche no nació bajo los párpados? ¿Qué carne no se opuso al cielo que aplasta o al bosque que en tu carrera pasa soñando sin ruido?

Cuerpo contenido en el discurso caníbal de sus horas, hacia la cumbre con la sed reciente del rocío empujas tu verdad cautivo de la pesada carga de existir sin ningún clamor, de decir para que el silencio te devore inmediatamente después, de luchar por el dolor de recibirlo todo y ser solo su nostalgia.
Topaste con el árbol de tu delirio, brotó la noche de tus párpados y el silencio de tu cuerpo creció hacia el vacío hasta fundirse con la piedra. ¿Qué noche no nació bajo tus párpados?

Vive, Sísifo, en lo que te hiere. Otro fue quien emborronara en sus páginas.

El ángel viajero

(Gustave Moreau)

SOBRE EL RUIDO del mundo el ángel viaja.

Sobre la forma del mundo el ángel observa cómo la belleza pertenece a lo fragmentado. Sentado en el campanario de la catedral que llama al cielo, en vano arroja su tristeza infinita sobre los hombres de grávida existencia.

Ellos que han nacido para el temblor conocen la inhóspita presencia de las formas condenadas, ellos que bajo la luz confusa agonizan en la profusión de las amedrentadas dimensiones de colores y aristas extinguiéndose, aguardan la oscuridad y buscan lo irreal en lo real decadente sin más refugio que un cuerpo de tiempos desgastados. El miedo es una noche que no acaba nunca de pasar, y en ella no hay fuego ni calor para quienes se alzan hacia las estrellas moribundas.

Nada salvo tu soledad, ángel viajero, sienten tan desgarradamente triste bajo el peso hermoso y terrible de tus alas que barren la tierra con su sombra.

El ángel viajero sobre el ruido de la ciudad que agoniza no conoce el llanto aunque pronto comprende que solo lo que perece es bello.

Hipnos en Los Vosgos

(René Char)

ULTIMAMOS LA EMBOSCADA, seres celestes y crueles, ganando al mundo los espacios sombríos. *Árboles entre el insomnio y las estrellas, cielo raso y algo que nos esquiva: el rumor de lo nómada. Todo es aquí en su estar desamparado.*

Para crear la noche bastan los párpados mientras el frío usurpa el cuerpo y se lo entrega a la intemperie que conversa con lo que tiene cicatrices.

Se acercan. Somos el lobo antes del ataque: furor y espera. Un exilio en los hálitos, un enmudecimiento en los grillos, centellas tiritando entre los gritos, luego el silencio con la inminencia de lo que escapa. Algo se hace audible donde desaparecemos y lo que permanece abandonando la crisálida de su nombre.

Deslumbrar y desaparecer, la sangre yendo al último extremo donde refracta la fertilidad de los espejos.

Pertenecemos a la chispa impávida, a la oscuridad que estalla en los helechos. Los cadáveres, cuerpos o palabras, despiden su memoria en coágulos clamando a los cercanos torrentes en la espesura. Como la noche, no hacemos rehenes; a ella pertenecemos.

Regresamos al campamento: bosques perseguidos y senderos sonámbulos. En donde acaba el ruido comienzan las moradas ahora que el dolor nos hace existir en nosotros. También la privación sustenta al ser, como el frío a la médula. *Nos retiramos a nuestros rincones. Anotaciones, cartas, diarios, nada muere en ese errabundo regreso de la nada en las líneas.* Línea del frente, línea de escritura. Hojas del bosque o páginas prolongan la existencia de lo vagabundo, el perpetuo aullido en la voz de quienes han sido expulsados del letargo. *Alguien tararea la canción de los partisanos. Combatimos nuestro caer de hojas en el bosque.*

Quisiste ser carne junto al nombre, sopor en la hoguera, nota del silencio, y supiste que el resuello es camino o pérdida. Escribiste los parlamentos con la niebla y los firmamentos sostenidos en las copas de los robles donde fuiste rehén de tus principios y del alfabeto de los pájaros. Palabras de Hipnos como desterradas estrellas por el cielo; en tu aliento se extinguen los metales respirados. Expiraste las sílabas consumidas en el carbono después de contener la noche de Los Vosgos para siempre en tus pulmones.

Edén en la siesta

(Vicente Aleixandre)

Desciende a tu insumisa arcilla, sumérgete en tu sangre; bosques durmientes en tus venas saben cómo la cercanía del silencio hará silbar en ti al reyezuelo esquivo para que el pensamiento se haga canción entre las cosas. Cuídate de perder el cuerpo investido de nieblas aunque la incandescencia un instante redima su inconstancia. Déjate invadir por lo otro: impuro de silencios y roto de ruidos, podrás escuchar cómo la carne se escabulle agitando la oscura maleza de latidos al hacerse transparente.

Contemplas el cedro lleno de suspiros en la hora inmóvil de las ramas. Hay un rencor que viaja del copo a la semilla, un alzamiento azul en los tímpanos insistiendo en la doctrina del reflejo que encadena el ruido al osario de imágenes. El mineral sonante cruje más, se hunde en la fragancia como un dilatarse en dirección al barro que exhala su crepúsculo más breve. El hueco de tu pecho sube y baja, un bárbaro temblor para que el hombre suene en lo intermedio.

En tu respiración levantarás la casa, alargarás la sombra, frecuentarás cadencias sostenidas como estancias y el azogue en tus pulmones refractará las palabras.

¿Tienes la edad del mundo cuando sueñas? Enajenado, la levedad no transcurre: espejo o nombre.

Aunque llame la flauta del abismo, edén sufriente un cuerpo, no habrá llegado el tiempo de despertar al otro lado del sonido. Vuelves a lo mudable de las horas —ahí se alza en su dimensión el árbol con saetas de luz atravesándolo— y en la horma secreta de su soplo recobras tu forma o límite para resistir su belleza al tiempo que te reconoce vegetal pensativo, fuente muda. Ganaste luz mas vuelves ciego al mundo. Solo para quien resiste el sueño: amar es conocer en el retorno.

Sintaxis del cuerpo

(Gottfried Benn)

Lo QUE FUE escondrijo del fuego, entrega a lo multiplicado, es soledad hambrienta que devora su propia forma insuflada en lo extinto. Ser que pudo morar su temblor más verdadero, sorbos de nada busca ahora por el vaivén venoso de su sangre como árbol muerto. Pálida carcasa consumida, estéril nieve la frente ardida, arrugas y manchas disimulan una rigidez de cuerda rasgueada en las pestañas y en el articular insuficiente de su timbre boquea.

No hay expansión en la sístole, solo el impulso hacia el interior concentrándose en deglutir la sombra, en metabolizar las horas. Mas no poliniza el oxígeno este material sin memoria, este pedazo de carne por donde hubo de pasar el éxtasis, también el dolor y donde la noche se instala sin su nombre.

Arrincona al ser el cuerpo que alberga su durmiente, el cuerpo abatido que hiere como espejo acelera su respiración para volverse encuentro lanzado fuera de sus recintos.

Paraísos y vuelos de morfina para espantar el ahogo en la luz fracturada con la extrañeza de las cosas liberadas de recuerdos, extrañas en su permanecer. La vida salida de su margen es un dejar la solidez e ir hacia el humo por la licuación de los tejidos. Tratando de oponerse a su enigma, huye hacia el aullido, luego al silencio en un bostezo de vocales y gemidos. En su mutación hacia lo súbito quien fuera un yo tienta por última vez una demora con la congregación de vida en unas palabras, doble idioma del estar y la disolución.

Hacia lo abierto, desdoblado en el vacío, la leve intensidad de ser es el rumor de lo arrojado que recita sus contornos en la inaudible sintaxis de la noche más verdadera.

El piano del mar

(Frédéric Chopin)

ANTES DE QUE CALLARA la furia en la madera y hostigara en la médula la niebla del desgarro, la orfandad de la lluvia que clama por los bosques era oscilación del latido, del latido al estruendo, del acantilado al abismo de las teclas si acechaba el marfil al bronquio de la ciudad estrechada en un extravío sonoro. Entonces se rompía el aire y crecía el preludio de silbar la escarcha dentro del pecho.

Pulsa ahora el rayo en el archipiélago de estrellas que brillan juntas para morir, pulsa la cadencia herida de las horas y, mientras golpea el mar el litoral de tus oídos, la soledad de las islas naciendo de la espuma, sigue como partitura de los pulsos hasta tu extremo más lejano una chispa.

Sé, pues, intermedio entre la tensión de las notas y tú mismo en tu florecer último. La isla, condenada a ser instante, respira lo inacabado en la caja de resonancia de los claustros. Ejecuta la perfección, en el cordal de los días se estremece la belleza antes de extinguirse. No es otro tu destino, no es otra cosa el instante.

El último paseo

(Robert Walser)

De lo posible de lo que no fue cruzo las horas sin nombrarlas, sin saber bien por qué recuerda hoy el mundo los caminos.

El eco que anticipa el paso, osario de exhalaciones, escucha y roza el tiempo en los pulmones hacia la áspera, invertida selva de donde la vida escapa.

En los campos un párpado de nieve que recuerda los límites al cuerpo y el torturado signo de unos cuervos. Alto de savia, mudo de espacios, bajo el vuelo del petirrojo, el roble desnudo se clausura, lo va ganando el frío con su gramática de nieblas. De tan cerrado el árbol, hiende la albura de su silencio.

Nieva. En mis huellas, un sordo arpegiar de copos. Oigo la nieve afuera, aúlla el páramo adentro; vaga sin casa el hálito que pálido expulsamos y evadiéndose en cada forma evita su retorno. Busca qué dice lo que huye.

Todo se exilia al pronunciarlo —comprendo que decir es destruir el tiempo—, se abortan en mis alveolos vuelos y horizontes, sangran y el mundo se deshace en el filo del sonido: mi corazón es un éxodo de sílabas o una extinción de pájaros. El animal que hiberna por mis venas es mitad respiración, mitad delirio y reescribe mi carne sobre el silencio blanco.

Frágil impulso de ser, morir es existir del todo en las palabras.

La ventisca ciega —me derrumbo— lo que sin nombre pasa. Nunca extranjera en ella, ¿tan lejana la muerte que se una a la infancia? En las pisadas que incendian los caminos caen los copos del silencio en cuyo dolor hallé la sombra y fui tronco muerto derribado en la blancura.

Dios de lo leve

(Simone Weil)

Para que fueras solo tú contigo, abro la crisálida de mi vacío. Tuve que estar sola, ser vientre intacto de simiente para ya desnuda de ti en el agotamiento de lo extendido y solo, con la duda del empuje, y elevarme, esconderte, Dios, hijo no nacido de mi carne, para que de mí comieras y me destruyeras.

El alma, esa parte silenciosa del bosque, ha de pasar hacia lo otro de ti que eres tú y no soy yo, que no es luz ni tampoco sombra, y que de su callar en todo quede únicamente el temblor, la querencia al filo del hacha y la madera sin devastar cuando se haga cruz, y allí, clavada, diga su oración por lo existente a ti, Dios que no existes.

Seré entonces toda mi dolor. Apagándome en todo y en todo deshecha, habré muerto en todo para haber sido en cada objeto, en cada instante, soledad de mí, vientre para ti dispuesto. De cuanto me llegaba me apropié para borrarte, Dios, y eras en lo impuro tránsito donde la transparencia hubo de sufrir.

Mas dije basta, dije cese en mí el mundo amenazado y que mi ser desaparezca. Y tú no me amaste, Dios, te amaste en mí a través de mis negaciones, hoguera donde me consumo o zarza siempre ardiendo.

Me consumía. Entró en mí el firmamento y pude amar los límites del mundo infinitamente.

Dios de mi vientre vacío, mía es la simiente del resistir lo ilimitado, raíz de la levedad este silencio fruto de mi cruz. Ama en mí lo que desaparece con la belleza que quisiera negar lugar y tiempo. Ama, Dios, mi nada.

EL BOSQUE ERRANTE

LAS PALABRAS ABDICAN
en lo invisible de las cosas.

De continuo las buscas
en la alucinación o los desvelos.
Solo límites hallas, solo el hilo
de tu voz extenuada en la materia.

Siguiendo vas un eco:
un sonido feroz es siempre la respuesta.

ENTRA EN LA FRÁGIL CASA QUE ME DISTE
oxígeno que inflama
este cuerpo y lo lleva a sus fronteras.
Allí deserta, vaho que se escapa
llevándose el sonido errante.

Luego la oscuridad,
                    nunca el retorno.
Con una pulmonía de fonemas
vivo cautivo
en el curso sonoro de las formas
sosteniendo el engaño
de cuanto quiere perdurar.
                    Ve y entra,
voz, en la leve casa que erigiste.

Vivimos entre el éxtasis y el llanto.

SE ESPERA ACASO AQUELLO QUE AÚN NO TIENE NOMBRE,
como para eludir la soledad
de lo nombrado,
                se desviste
cada fibra hasta tocar lo blanco
ya siendo huella, trazo, luz o abismo.
O aquí, entre la escondida clausura del carbono,
palabras, balbuceos que degradan
un silencio de anhídridos poblando las fronteras
de la vida.
                Así va acallando
cse insistir quejoso que se acomoda al ritmo de las venas.
En la frecuencia de no ser al borde
de un mundo abierto y frío,
palabras como estancias siempre deshabitadas
que sostienen el sordo pentagrama del mundo.

ECHADO EN UN EXTENSO ESCUCHAR, ERES HUÉSPED
del mundo o de su herida.
No ven tus ojos lo que ven,
                              resisten
las cosas el embate de lo ajeno
que nos limita.
                    De uno a otro umbral,
región sonora, hurtaste su existencia, tal vez la tuya,
diciendo el eco y la penumbra.
                              Pero otra vez cayó la noche
toda sobre tu cuerpo hasta dejarlo extenuado,
sordo empujón hacia lo irrespirable,
inmóvil permanencia de la muerte
en la que ya es pasado cuanto dice.
Las sílabas conspiran bajo el cuerpo
un vuelo como senda por lo leve
y eran fuga tus huellas
de ríos sin más nombre que la lluvia.

Música ha de tornarse todo cuando
lleguen la confusión y la tormenta.
Durando como el agua en el sonido,
eres huésped del mundo y de su herida.

ATRÁS EL RUIDO, DELANTE EL SILENCIO,
excava en tu dolor un cuerpo,

                        sopla
el insomnio en el barro como bárbara
sílaba en que aconteces imprevisto.
Vienes del más remoto umbral de ti,
incierto huésped de tu aliento.

                            Expira,
entrégate al afuera:
nunca fue tuyo el aire, ajeno siempre el cuerpo.

EN EL ÁSPERO BOSQUE DEL IDIOMA,
vértigo y laberinto,
se oculta el fabuloso animal del silencio.
Huésped del resplandor deshecho de las cosas,
lo sigo si me calzo el bosque y llueve,
perdido de eco en eco,
el sonido que piso errante donde el frío
hace más honda cada huella, más
herida cada sílaba y florece
mientras tanto el carbono por mi sangre
en una afasia de olmo en el invierno,
—tristeza de peciolos y xilemas—.
Enmudezco en el tuétano
la débil construcción de las palabras
desdoblada otra vez en la materia.
Prófugo en lo callado de las cosas,
pulsa el pie incandescencias, resta el ruido
el fatigado peso de mi soplo
para otorgarle impulso hacia lo abierto

por la silente fronda de su imagen.
No de otro modo existes entre
el éxtasis y el barro.

DE QUÉ MANERA TAN CALLADA HABITA
el cuerpo su fulgor esquivo,
                              cuando
las sílabas escapan rompiendo en el carbono
y nace a lo de afuera, con el duro
ejercicio de los pulmones.
Cristaliza la música que evapora tu aliento
y en lo invisible aloja la perdida
ondulación de lo remoto apenas
estalla la palabra, el sucesivo
y rítmico intercambio con el mundo.
Se hace el hálito bosque en el silencio,
será materia frágil
                    en el sonido errante.

¿NO ES LA MÚSICA DESMAYADA
de las cosas el mundo? ¿No es acaso
la oquedad devastada de tu cuerpo
lo que le opones para vivir secretamente
en el espejo de tu aliento y que
las palabras empañan?
En la palpitación de todo lo visible
perturba la osamenta de una aurora
latiendo en las raíces.
                    Algo, mientras,
se eleva hasta su forma y la conquista
como savia en las ramas
que estremecidas dicen su alfabeto de pájaros.

Pero la voz se astilla cuando suena
arrancando el silencio de las cosas;
como olvido en las suelas o en los tejados lluvia,
escapa hilando la mudez de cuanto

existe y se estremecen en su intento los nombres
con poca luz de herir la noche toda.
Oscuro bosque del sentido,

                    funda
en ti con lo más nómada lo cierto,
algo que dé cobijo al esplendor sonoro,
conjunción prodigiosa de lo real y su cadencia.
¿No es a la desmayada música de las cosas
a lo que llamas mundo?

SIN MÁS OPCIÓN QUE SER LLEVADO HASTA
donde las horas se deshacen, alzo
mi aliento a nuevos límites, exploro
invadido de ardor y resonancias
el vacante intermedio entre las huellas
y el sonido, entre el cuerpo y la penumbra.
He transitado todos los azules
para que quien mora en el torrente
de mi sangre, se asome al mundo.
                              Siendo
poco más que el rehén de tantas noches,
asumo la plegaria y orfandad
de lo real.
                    No menguan la niñez
ni la muerte. He nacido mi cadáver
para el fulgor gastado de una estrella.

Alucinado estrépito de sílabas,
no sé qué nombre dar a lo lejano.

HA LLEGADO LA EDAD DEL EXTINGUIRSE
lo uno en lo otro y doblando el resplandor
salvar lo aniquilado en las palabras.
Pronunciaron las hojas cuándo fueron de luz
y hubo un dolor crecido hasta hacerse cuerpo,
igual que aconteció en la lluvia la música
del bosque o se fugara adentro de sí el árbol
con el frío.
            El silencio fue el prodigio,
repentina y fugaz morada la palabra
busca el modo en que lo interior envuelve
y desvalidos hacia lo interpuesto migramos
otra vez trashumando con el verbo
detrás del cual se esconde lo indecible.

Dicen las hojas cuándo fueron luz.

COMO SAVIA REGRESANDO DEL SILENCIO,
cicatriza el oxígeno en tu sangre,
haz que aflore en la hondura la palabra
y desarraiga,
          nómada en lo abierto,
del tuétano la niebla, enhebra al soplo
en el paisaje unísono los muros del oír,
la enajenada música del mundo.
Por trazar en el silencio de la savia
el hondo cautiverio de los astros,
acecha desvalido la intemperie,
la forma del carbono en el sonido errante.

En el curso sonoro de las cosas
                    cautivo existes
y en tu respiración has de perderlo todo.

EL TEMBLOR Y EL BARRO

DE ESTE DOLOR DE SER TEMBLOR Y BARRO
resta la cicatriz que las palabras
en el letargo de las cosas abren,
como un silencio que poblara el bosque.

Extranjero en tu voz a veces, vibras
alejado en el curso disonante del mundo
y de aliento en aliento intruso existes
para que un cuerpo siempre se estremezca.

Árboles vagabundos en un sueño albergamos,
savias cobrando el signo de su forma
que hondas dicen gramáticas de raíces y nubes.
En la parte más sola de nosotros conversan

la intemperie y las hojas. Mientras hablan,
conocen qué alfabeto de estrellas es la noche.
Por el silencio viene el hombre y funda
en huellas de quietud bosques errantes.

Esta primera edición en
LOS VERSOS DE CORDELIA de
EL BOSQUE ERRANTE
se acabó de imprimir
en la primavera de 2024

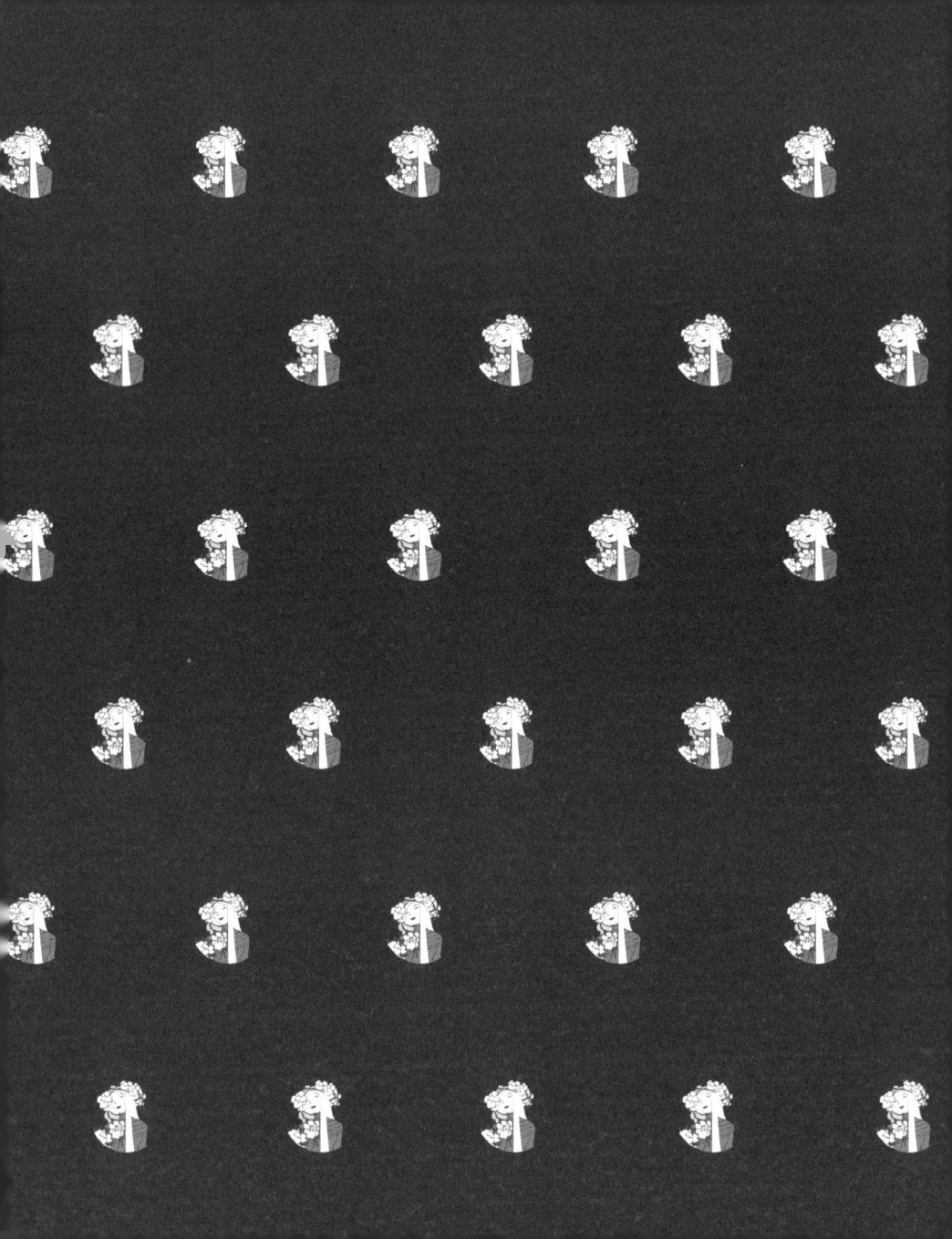

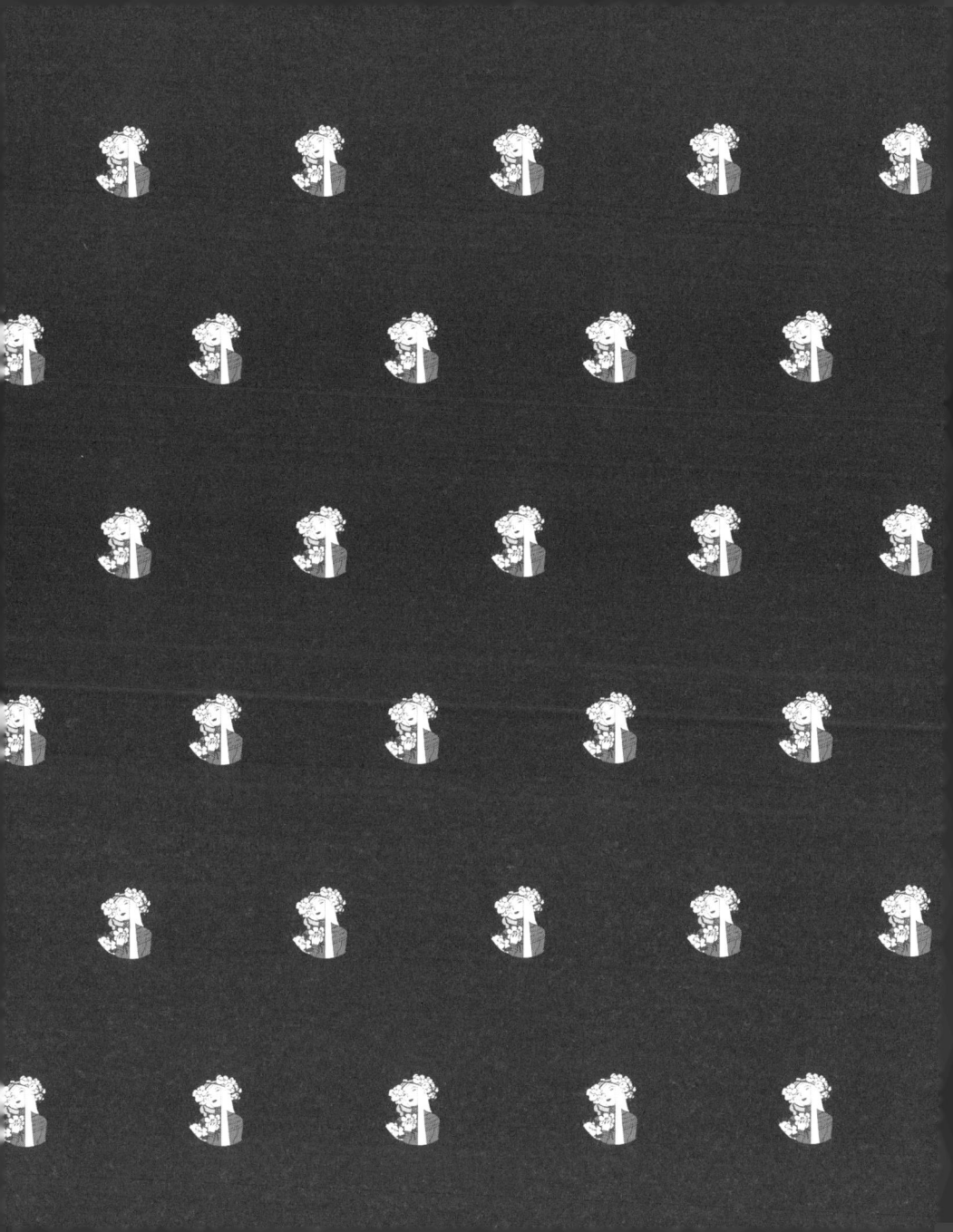